Stephan Sigg

Das Kirchenjahr im Kindergarten (er)leben

Band 3: Von Aschermittwoch bis Pfingsten

Auer

Gedruckt auf umweltbewusst gefertigtem, chlorfrei gebleichtem und alterungsbeständigem Papier.

2. Auflage 2019

Illustrationen: Antje Bohnstedt
Satz: Fotosatz H. Buck, Kumhausen
Druck und Bindung: Aubele Druck GmbH, Kempten
ISBN 978-3-403-**06187**-8
www.auer-verlag.de

Inhaltsverzeichnis

Vorwort

Christliche Feste im Kindergarten feiern: Die vierbändige Reihe „Das Kirchenjahr im Kindergarten (er)leben" beinhaltet Anregungen und Vorschläge rund um das Kirchenjahr. Die Reihe orientiert sich an den Bildungsplänen. In jedem Band finden Sie neue, vielfältige Ideen, die sich an der Lebenswelt der Kinder orientieren, zu allen großen und vielen kleineren religiösen Festen. Diese sind in erster Linie für katholische Kindergärten konzipiert, lassen sich aber auch konfessionsübergreifend einsetzen. Ich biete Ihnen zu jedem Fest aufeinander abgestimmte Vorschläge, die Ihnen zeigen, wie Sie den Kindern die Bedeutung der verschiedenen Feste vermitteln können. Sie können aber auch gerne einzelne Ideen aufgreifen und umsetzen. Durch die Behandlung der Themen wird Kindern und deren Eltern bewusst gemacht: Die christliche Feste sind auch wichtig für ihr Leben und haben nichts an Aktualität verloren.

Ich habe dazu passende aktuelle Geschichten und Gebete verfasst, die sich mit Themen aus dem unmittelbaren Lebensumfeld der Kinder beschäftigen. Mit passenden Liedern, Bastelideen, Ausmalbildern und Spielen lernen die Kinder die verschiedenen Feste näher kennen. Die Ideen sind einfach im Alltag zu vermitteln und beinhalten auch Anregungen für die wichtige Einbeziehung der Eltern. Zahlreiche Kopiervorlagen ermöglichen, ohne aufwändige Vorbereitung, einen sofortigen Einsatz im Kindergartenalltag. Sie finden darüber hinaus Anregungen für ansprechende Elternbriefe.

Der dritte Band umfasst die Zeit von Februar bis Mai – eine Zeit, die mit der unbeschwerten Fastnacht beginnt, die besinnliche Fastenzeit und die anschließende Freude an Ostern beinhaltet. Der inhaltliche Fokus liegt auf den Schwerpunkten Fastnacht, Fastenzeit und Ostern.

Ich wünsche Ihnen viele spannende Augenblicke beim Umsetzen der Ideen.

Ihr
Stephan Sigg

Das Kirchenjahr im Frühling (er)leben

Nun werden die Tage wieder länger, unter dem Schnee erwacht die Natur zu neuem Leben ... In der Fastnacht wird ausgiebig gefeiert und die Narren haben das Sagen, bis dann an Aschermittwoch eine Zeit der Buße sowie der Ein- und Umkehr beginnt. Vierzig Tage dauert diese Vorbereitung auf Ostern, sie beinhaltet auch die Passionstage – Gründonnerstag, Karfreitag und Karsamstag – ehe am Sonntag die Auferstehung Jesus gefeiert wird. Der Ostersonntag ist zugleich Auftakt zur fünfzigtägigen Osterzeit, die mit Pfingsten („der fünfzigste Tag") endet.

Im Frühling wird besonders deutlich, dass christliche Feste oft mit heidnischen Bräuchen und Symbolen vereint wurden, zum Beispiel der Osterhase als Symbol der Fruchtbarkeit.

Ostern ist Höhepunkt und Mitte des Kirchenjahres sowie das wichtigste kirchliche Fest! Trotzdem wird Weihnachten, die Geburt Jesus, viel aufwändiger gefeiert. Grund dafür ist sicherlich, dass die freudige Geburt eines Kindes leichter vermittelbar ist, darüber hinaus ist die Weihnachtszeit noch stärker kommerzialisiert. Um die Wichtigkeit des Festes zu unterstreichen, ist es sinnvoll, der Vorbereitung auf Ostern einen großen Platz einzuräumen. So wird den Kindern und ihren Eltern die zentrale Bedeutung von Jesus' Auferstehung für unseren Glauben und unser Leben neu bewusst. Auch wenn die Fastenzeit und die Passionstage zum Teil bedrücken können, darf man sich darauf verlassen, dass „mit der glücklichen Wende an Ostern" alles ein gutes Ende findet.

Fastnacht

Bevor am Aschermittwoch die Fastenzeit beginnt, wird in der Fastnacht noch einmal ausgiebig gefeiert. Die Kinder sollen erfahren, dass Fastnacht und Fastenzeit zusammengehören: Die Fastnacht hat verschiedene Ursprünge (z.B. die Vertreibung des Winters), doch wie der Name „Fast-Nacht" schon sagt, war es ursprünglich auch die Nacht vor der Fastenzeit, die tolle Zeit dauerte ursprünglich nur eine Nacht. Die Menschen nutzten diese Zeit schon immer zum ausgelassenen Feiern, bevor vierzig Tage lang auf jegliches Vergnügen verzichtet wurde.

1. Einstieg:

Die Kinder dürfen verkleidet in den Kindergarten kommen. Im Morgenkreis dürfen die Kinder erzählen, warum sie sich für ihr Kostüm entschieden haben. Was ist denn am Verkleiden besonders schön?

2. Gebete/Lied:

Als Einstieg und als begleitendes Ritual singen und sprechen Sie ein Lied bzw. Gebet zur Fastnacht. Sie finden ein kindgemäßes Lied sowie Gebete anschließend.

3. Geschichte:

Die erste Geschichte „Mit lautem Gebrüll" zeigt, dass Masken helfen können, sich stärker zu fühlen.

4. Aktionen zur Geschichte:

Jedes Kind darf ein Bild mit folgendem Inhalt malen: Mit welchem Kostüm fühle ich mich besonders groß und stark! Anschließend werden die Bilder, gerne auch ohne Namen, im Gruppenraum ausgehängt. Die Kinder können, wenn sie es möchten, ihr Bild den anderen Kindern vorstellen.

5. Elterneinbindung:

Kinder sollen zu Hause nachfragen, als was sich die Eltern oder die Großeltern als Kinder verkleidet haben. Am nächsten Tag erzählen sie im Kindergarten davon. Sie bringen vielleicht auch Fotos der Eltern oder Großeltern mit in den Kindergarten.

6. Ausmalbild:

Lassen Sie die Kinder im freien Spiel das Ausmalbild mit den Fastnachts-Motiven ausmalen und gestalten. Die Kinder können sich so noch intensiver mit der Thematik auseinandersetzen und schulen ganz nebenbei ihre motorischen Fähigkeiten.

Gebet „Fastnacht“

Lieber Gott,
jetzt ist die lustige Fastnacht da!
Überall sind viele verkleidete Kinder zu sehen,
viele Konfettis werden durch die Luft geworfen,
das macht großen Spaß.
Vielen Dank, dass wir die tolle Zeit genießen und lachen können.
Doch es ist nicht lustig, andere Menschen auszulachen.
Hilf uns, dass wir alle miteinander Spaß haben können,
so dass alle glücklich sind und mitlachen.
Amen.

Gebet „Aufeinander achtgeben“

Lieber Gott,
Hurra! In der Fastnacht gibt es so viel zu sehen:
Indianer, Cowboys, Zwerge, Prinzessinnen, Clowns,
doch es sind alles nur verkleidete Menschen,
und deshalb brauchen wir keine Angst haben.
Du hast so viele verschiedene Tiere und Menschen geschaffen,
mit denen kann man eine Menge erleben!
Doch wir müssen auch aufeinander achtgeben,
so dass es allen gut geht.
Amen.

Lied „Kindermutmachlied“

„Wenn einer sagt ich mag dich“

Text und Musik:
Andreas Ebert

2. Wenn einer sagt: „Ich brauch dich du; ich schaff es nicht allein“, dann kribbelt es in meinem Bauch, ich fühl mich nicht mehr klein.

3. Wenn einer sagt: „Komm, geh mit mir; zusammen sind wir was“, dann werd ich rot; weil ich mich freu, dann macht das Leben Spaß.

4. Gott sagt zu dir: „Ich hab dich lieb. Ich wär so gern dein Freund! Und das, was du allein nicht schaffst, das schaffen wir vereint.“

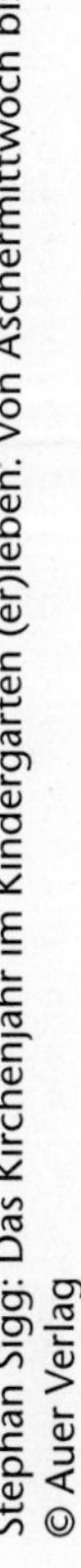

Geschichte „Mit lautem Gebrüll"

Miriam hatte keine Lust, auf die Kinder-Fastnacht zu gehen. Alle Kinder des Kindergartens trafen sich heute in der Turnhalle. Alle sollten verkleidet kommen. Miriams Mama versuchte, sie aufzumuntern: „Das wird sicher ganz witzig! Da macht ihr lustige Spiele und ihr könnt ganz viele Konfettis werfen." Miriam wäre aber viel lieber bei ihrer Mama geblieben. Im Kindergarten waren die anderen in letzter Zeit immer so gemein zu ihr gewesen. Sie wurde gehänselt, weil sie die kleinste war.

Miriams Mama sagte: „Weißt du was, wir suchen jetzt ein tolles Kostüm für dich!" Sie ging mit Miriam auf den Dachboden und suchte die Kiste, in der die Fastnachtskostüme aufbewahrt wurden. „Möchtest du dich als Clown verkleiden? Oder als Piratin? Oder als Prinzessin?" Miriam schüttelte bei allen Vorschlägen den Kopf. Am liebsten wäre sie in ein Gespenster-Kostüm geschlüpft, um sich so unsichtbar zu machen. Sie wollte auch, dass die anderen Kinder auf der Fastnachts-Feier sie nicht sahen – wer unsichtbar war, konnte auch nicht gehänselt werden. Ihre Mama kniff ihr in die Wange: „Jetzt mach nicht so ein Gesicht! Verkleiden macht doch Spaß. Ich habe das als Kind total gerne gemacht. Ist doch einfach spannend, wenn man mal jemand ganz anderes sein kann." Ihre Hände verschwanden wieder in der großen Kiste. Kurze Zeit später zog sie ein pelzartiges Kostüm hervor. Miriams Mama strahlte über das ganze Gesicht. „Ach, das Löwenkostüm habe ich als Kind am meisten geliebt! Zieh doch das an." Miriam widersprach nicht mehr. Ihre Mama würde sowieso keine Ruhe geben. Sie half ihr, das Kostüm überzustreifen. Das war gar nicht so einfach, es war ziemlich eng.
„Prima", rief Miriams Mama, als sie fertig waren, „du sieht ja richtig unheimlich aus. Da wird sich niemand trauen, dich auf der Party zu hänseln." Miriam brüllte laut. Vielleicht war es wirklich gar nicht so eine schlechte Idee als Löwin auf der Kinder-Fastnacht aufzutauchen. Die anderen würden nicht merken, wer hinter der Verkleidung steckt und sie sah in ihrem Kostüm bestimmt Furcht einflößend aus.

Ausmalbild „Fastnacht"

Aschermittwoch

Alles hat ein Ende – am Aschermittwoch ist es vorbei mit der lustigen Fastnacht und eine Zeit der Umkehr und Besinnung beginnt. An Aschermittwoch steht der Gedanke an die Vergänglichkeit und die eigene Sterblichkeit im Mittelpunkt, gleichzeitig ist es aber auch der bewusste Auftakt der Fastenzeit.

1. Einstieg:

Entfernen Sie gemeinsam mit den Kindern die Fastnachts-Dekoration und alle Bastelarbeiten, Zeichnungen usw., die während der Fastnacht entstanden sind. So wird den Kindern bewusst, dass die Fastnacht vorbei ist und nun etwas Neues beginnt.

2. Gebet:

Durch das Gebet erfahren die Kinder noch einmal, was die Fastenzeit bedeutet. Lesen Sie das Gebet nicht einfach nur vor, sondern beziehen Sie die Kinder aktiv in das Geschehen ein. Sagen Sie jedem Kind eine Zeile vor, diese soll sich das Kind gut merken. Danach spricht jedes Kind seine Zeile und es entsteht ein „Gemeinschaftsgebet".

3. Geschichte:

Die Geschichte „Ein Kreuz aus Asche" vermittelt, welche Bedeutung Aschermittwoch hat und was im Gottesdienst Spezielles passiert. Erklären Sie vor der Geschichte, dass das Wort „Aschermittwoch" mit Asche zu tun hat. Bringen Sie Asche mit in den Kindergarten und zeigen sie diese den Kindern. Wissen die Kinder, wie Asche entsteht? Hat man in der Nähe eine geeignete Feuerstelle, können im Freien alte Äste verbrannt werden, so dass die Kinder sehen, wie aus dem Holz langsam Asche wird.

4. Aktionen zur Geschichte:

Sind die Kinder traurig, dass die Fastnacht nun vorbei ist? Warum? Sprechen Sie gemeinsam mit den Kindern darüber.
Danach darf jedes Kind einem anderen Kind ein Kreuz aus Asche auf die Stirn malen.

5. Ausmalbild

Durch das Gestalten des Ausmalbildes wird den Kindern eine Szene aus dem Aschermittwochsgottesdienst in Erinnerung gerufen.

Gebet „Aschermittwoch"

Lieber Gott,
nun ist die lustige Fastnacht vorbei,
heute beginnt die Fastenzeit,
so schnell sind die tollen Tage vergangen!
Die Fastnachtskostüme haben wir wieder in den Schrank geräumt,
es fliegen keine Konfettis mehr durch die Luft.
Doch wir wollen nicht traurig sein:
Wir wollen uns nun auf
das große Osterfest vorbereiten.
Amen.

Geschichte „Ein Kreuz auf der Stirn"

„Aber ich will noch ein bisschen damit spielen!", rief Kathrin. Doch ihre Mutter schüttelte den Kopf. „Heute ist Aschermittwoch. Jetzt ist die Fastnacht vorbei." Sie legte die Clown-Maske in die Schachtel. Auch die restlichen Konfettis und Luftschlangen, die sie in den letzten Tagen nicht gebraucht hatten, lagen dort drin. Kathrin war traurig: Sie liebte die Fastnacht über alles. In diesem Jahr hatte sie sich als Frosch verkleidet. Das war vielleicht lustig gewesen! Aber das Froschkostüm lag jetzt auch in der Schachtel. „Warum kann nicht das ganze Jahr Fastnacht sein?" Ihre Mama lächelte: „Das ist nun mal so. Aber in einem Jahr ist es ja wieder soweit. An Aschermittwoch beginnt die Fastenzeit und das ist eine ruhige Zeit." Kathrin rief: „Aschermittwoch ist blöd!" Sie stampfte mit den Füßen auf den Boden. Ihre Mama sah sie streng an. Aber Kathrin wollte sich nicht beruhigen: „Ich will noch einmal Fastnacht feiern!" Ihre Mama strich ihr über den Kopf. „Wir gehen jetzt miteinander in den Aschermittwochsgottesdienst. Da wird nämlich etwas ganz Spezielles gemacht."

In der Kirche warteten bereits viele Menschen. Auch die Nachbarin war da. Kathrin und ihre Mama nahmen neben ihr Platz. Sie sangen ein paar Lieder, dann redete der Pfarrer eine Weile. Anschließend bat er alle, eine Reihe zu bilden und nach vorne zu kommen. Kathrin sah ihre Mama fragend an. „Was passiert jetzt?" Ihre Mama flüsterte: „Der Pfarrer macht allen ein Kreuz aus Asche auf die Stirn. Es soll uns deutlich machen, dass heute die Fastenzeit beginnt." Ein Kreuz aus Asche auf ihrer Stirn? Kathrin konnte sich das gar nicht vorstellen. Mit klopfendem Herzen wartete sie, bis sie an der Reihe war. Der Pfarrer beugte sich zu ihr hinunter. Er sagte: „Mensch gedenke, dass du Staub bist und zum Staub zurückkehren wirst." Dann tauchte er einen Finger in eine Schale, die voller grau-schwarzer Asche war, und malte Kathrin ein Kreuz auf die Stirn. Als sie zu ihrem Platz zurückkehrte, sah sie die anderen Leute an: Alle hatten jetzt ein Kreuz auf der Stirn.

Ausmalbild „Aschermittwoch“

Fastenzeit

Die Fastenzeit ist eine Zeit der Buße und Umkehr. Auch mit kleinen Kindern kann man sich bewusst auf Ostern vorbereiten. Die Fastenzeit dauert vierzig Tage, dabei werden Sonntage nicht als Fastentage gezählt.

1. Einstieg:

An Aschermittwoch oder am Tag danach werden verschiedene Süßigkeiten in die Mitte des Stuhlkreises gelegt. Eine große, leere Schachtel wird herumgereicht. Alle dürfen eine Süßigkeit nehmen und in die Schachtel legen. Anschließend wird die Schachtel zugeklebt. Am letzten Tag vor den Osterferien wird die Schachtel geöffnet und die Süßigkeiten verteilt.

Die liturgische Farbe der Fastenzeit ist Violett. Bringen Sie violetten Stoff mit und zeigen Sie ihn den Kindern: Bis zu Ostern sind viele Gegenstände und Bilder in den Kirchen mit violettem Stoff verhüllt.

2. Gebet:

Das Gebet macht deutlich, dass die Fastenzeit die Vorbereitung auf Ostern ist.

3. Geschichte:

Die Geschichte „Erst an Ostern wieder" zeigt den Kindern, auf was man in der Fastenzeit verzichten kann.

4. Aktionen zur Geschichte:

Die Geschichte kann durch ein Spiel nachbereitet werden: Die Kinder dürfen der Reihe nach aufzählen, auf welche Dinge in der Geschichte verzichtet wurde.
Kochen Sie mit den Kindern eine Fastensuppe. Ein Rezept finden Sie auf Seite 20. Die Zutaten könnten Sie zusammen mit den Kindern auf dem Wochenmarkt oder beim Gemüsehändler einkaufen. Laden Sie doch die Eltern zum gemeinsamen Essen ein.

5. Ausmalbild:

Die Kinder verinnerlichen durch das Gestalten eines Suppentellers (gerne mit Fastensuppe) einen wichtigen Gegenstand der Fastenzeit.

6. Elterneinbindung:

Geben Sie den Kindern einen Brief mit nach Hause und informieren Sie die Eltern, dass Sie im Kindergarten die Fastenzeit thematisieren. Liefern Sie mit dem Rezept einen Impuls, das Thema zu Hause ebenfalls aufzugreifen.
Die Fastenzeit kann Gelegenheit sein, sich über das Frühstück im Kindergarten Gedanken zu machen: Welche Speisen sind für die Kinder sinnvoll und gesund? Frühstücken Sie gemeinsam und achten Sie besonders auf die Auswahl der Speisen, die mitgebracht werden.

Gebet „Fastenzeit“

Lieber Gott,
in der Fastenzeit bereiten wir uns auf Ostern vor.
Wir verzichten auf etwas,
das wir gerne haben oder gerne machen.
Das kann manchmal ganz schön schwer sein.
Gerade, wenn man etwas nicht machen soll,
bekommt man gerade unheimlich große Lust darauf,
es doch zu tun.
Hilf uns, dass wir uns in der Fastenzeit
gut auf Ostern vorbereiten können.
Denn wir können schon jetzt das Osterfest kaum erwarten.
Amen.

Geschichte „Erst an Ostern wieder"

Lea wollte unbedingt ein paar Gummibärchen essen. Sie liebte Gummibärchen über alles. Aber ihre Mama schüttelte den Kopf. „Die gibt es erst an Ostern wieder! Jetzt ist Fastenzeit." „Ich bin doch gar nicht dick!", rief Lea. Ihre Mama lachte. „Das hat nichts mit Abnehmen zu tun."
Lea hätte so gerne ein paar leckere Gummibärchen gegessen!

Als am Nachmittag ihre Oma zu Besuch kam, erzählte sie ihr davon. Oma lächelte und sagte: „Ja, jetzt ist Fastenzeit, da verzichtet man auf etwas. Ich schaue während der ganzen Fastenzeit kein Fernsehen! Und Opa fährt in der Fastenzeit ganz wenig mit dem Auto." Leas Mama rief aus der Küche: „Und ich habe mir vorgenommen, keinen Kaffee zu trinken!" Lea staunte. „Aber das sind doch alles gar keine Süßigkeiten!" Oma musste laut lachen. „Ja, da hast du Recht. Aber man kann in der Fastenzeit auf Dinge verzichten, die man sehr gerne hat und die man gerne macht. Das müssen nicht unbedingt Süßigkeiten sein."

Lea konnte noch immer nicht verstehen, was das bringen sollte. Ihre Oma versuchte, es ihr zu erklären: „In der Fastenzeit erinnern wir uns daran, dass Jesus für uns Menschen gestorben ist. Wir wollen uns in dieser Zeit auf das Fest vorbereiten und in dieser Zeit zur Ruhe kommen und auf bestimmte Dinge verzichten."

Rezept „Fastensuppe“

Zutaten (für ca. 10 Personen)

2,5 l Wasser

2 kg Kartoffeln

2 kg Karotten

8 Sellerieknollen

2 Bund Petersilie

Kümmel

Zubereitung:

1. Die Sellerieknollen schälen und in kleine Stücke schneiden.
2. Die Kartoffeln schälen und in kleine Stücke schneiden.
3. Die Karotten schälen und in kleine Stücke schneiden.
4. Das Wasser in einem großen Topf zum Kochen bringen, das Gemüse dazugeben und es garen.
5. Das Wasser abgießen, aber aufbewahren, das Gemüse pürieren.
6. Nachdem Pürieren das Wasser wieder nach Belieben zugeben.
7. Die Fastensuppe sollte ohne Salz zubereitet werden. Als Gewürze eignen sich neben der Petersilie, Dill, Muskatnuss, Basilikum und Majoran.

Ausmalbild „Fastenzeit“

Begleitbrief „Fastenzeit“

Liebe Eltern,

die Fastnacht ist vorbei, nun bereiten wir uns in der vierzigtägigen Fastenzeit auf das Osterfest vor. Schon in der Bibel hatte die Fastenzeit eine wichtige Bedeutung. An mehreren Stellen wird berichtet, dass Menschen vierzig Tage lang fasteten: So hat Jesus vierzig Tage in der Wüste gefastet. Heute dauert die Fastenzeit von Aschermittwoch bis Ostersamstag – die Sonntage werden nicht als Fastentage gezählt.

Wir werden uns im Kindergarten bewusst mit der Fastenzeit auseinandersetzen: Die Kinder sollen erfahren, welche Bedeutung die Vorbereitungszeit auf Ostern hat. Die Kinder lernen, dass auf verschiedene Weise „gefastet“ werden kann.

Vielleicht wird die Fastenzeit bei Ihnen zu Hause auch auf eine Weise sicht- und erlebbar. Als kleine kulinarische Anregung bringt Ihnen heute Ihr Kind ein Rezept für eine Fastensuppe mit nach Hause.

Ich wünsche Ihnen eine besinnliche Fastenzeit. Mögen Sie viele Augenblicke finden, um sich auf das Osterfest einzustimmen.

Palmsonntag

An Palmsonntag erinnern sich die Christen an den Einzug Jesu nach Jerusalem: Er wurde wie ein König begrüßt, die Menschen hatten für ihn sogar einen Teppich aus Palmzweigen gelegt.

1. Einstieg:

Zum Einstieg können Fotos von einem Esel gezeigt werden. Die Kinder dürfen erzählen, was sie über dieses Tier wissen. Sie können gerne auch von Erlebnissen mit einem Esel berichten.

2. Gebet/Lied:

Die Gebete machen deutlich, dass Jesus für die Christen eine Art „König" ist. Gleichzeitig vermitteln sie den Kindern, dass Jesus ihr Freund ist und er Kinder besonders liebt. Im Lied werden die Ereignisse rund um Jesus' Einzug nach Jerusalem vertieft. Im zweiten Gebet wird die Sensibilität für einen respektvollen Umgang mit Tieren geschärft. Als Fortführung können Sie mit den Kindern über ihre Lieblingstiere sprechen.

3. Geschichte:

Die Palmsonntags-Geschichte „Auf dem Esel nach Jerusalem" ist eine nacherzählte Version der biblischen Fassung (Matthäus 21,1 ff.). Die Kinder erfahren, wie Jesus' Einzug nach Jerusalem abgelaufen ist und wie ihn die Menschen begrüßt haben.

4. Aktionen zur Geschichte:

Der Esel spielt in der Geschichte eine wichtige Rolle: Besuchen Sie mit den Kindern einen lebendigen Esel und nehmen Sie ihm etwas zu essen mit: Heu, Äpfel oder Karotten. Die Kinder können den Esel streicheln. Vielleicht erzählt der Besitzer etwas über sein Tier oder die Kinder erfahren etwas über Esel im Allgemeinen.
Nachdem die Kinder die Geschichte gehört haben, können Palmzweige bzw. Kreuze gebunden werden. Jedes Kind kann ein Kreuz mit nach Hause nehmen.
Jedes Kind fertigt eine Zeichnung von einem Esel an. Die Zeichnungen werden anschließend im Gruppenraum aufgehängt.

5. Elterneinbindung:

Die Eltern könnten zum gemeinsamen Palmkreuzbinden in den Kindergarten eingeladen werden.

Die Kinder bringen den Eltern das Palmbrezel-Rezept mit nach Hause. Das Backen von Palmbrezeln ist in vielen süddeutschen Orten ein bekannter Brauch.

6. Ausmalbild:

Die Kinder gestalten das Ausmalbild und verinnerlichen die Symbole von Palmsonntag.

Gebet „Jesus ist immer für uns da"

Lieber Jesus,
du bist in Jerusalem wie ein König begrüßt worden,
du hattest keine Krone und auch keinen Thron,
die Menschen haben sofort gewusst,
dass du sie über alles liebst.
Ganz besonders liebst du die Kinder
und stehst ihnen und uns allen zur Seite,
wenn es uns mal nicht so gut geht.
Dafür danken wir dir!
Amen.

Gebet „Unsere Tiere"

Lieber Jesus,
du hast auch die Tiere sehr gerne.
Die kleinen und großen Tiere,
die Haustiere, die Tiere im Zoo, die Tiere auf dem Bauernhof
und die Tiere draußen in der Natur.
Sie alle wurden von Gott erschaffen.
Deshalb sollten wir uns um die Tiere sorgen
und sie nett behandeln.
Amen.

Lied „Jesus zieht in Jerusalem ein, Hosianna“

Text und Musik:
Gottfried Neubert

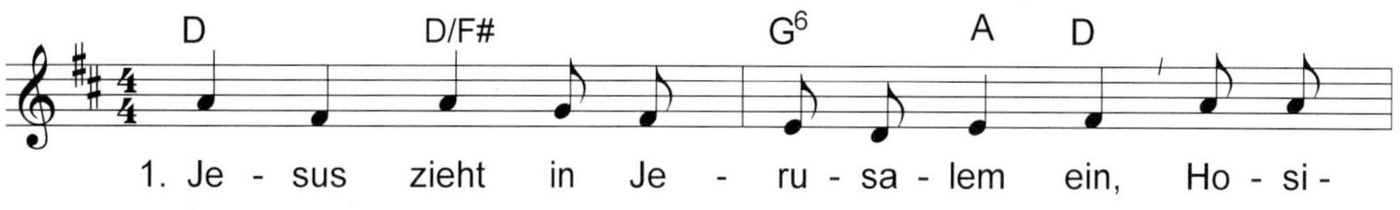

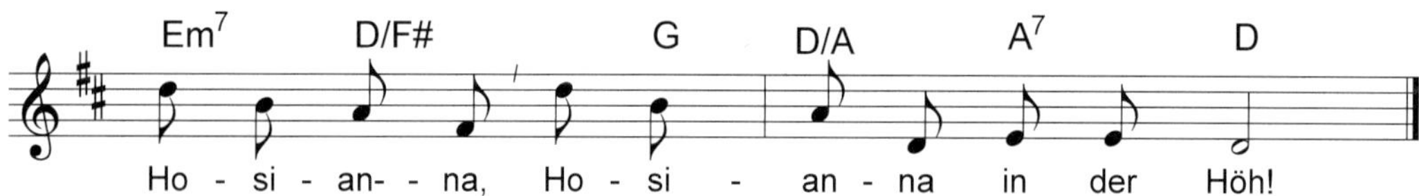

2. Jesus zieht in Jerusalem ein, Hosianna!
Seht, er kommt geritten, auf dem Esel sitzt der Herr!
Hosianna, Hosianna, Hosianna in der Höh!
Hosianna, Hosianna, Hosianna in der Höh!

3. Jesus zieht in Jerusalem ein, Hosianna!
Kommt und legt ihm Zweige von den Bäumen auf den Weg!
Hosianna, Hosianna, Hosianna in der Höh!
Hosianna, Hosianna, Hosianna in der Höh!

4. Jesus zieht in Jerusalem ein, Hosianna!
Kommt und breitet Kleider auf der Straße vor ihm aus!
Hosianna, Hosianna, Hosianna in der Höh!
Hosianna, Hosianna, Hosianna in der Höh!

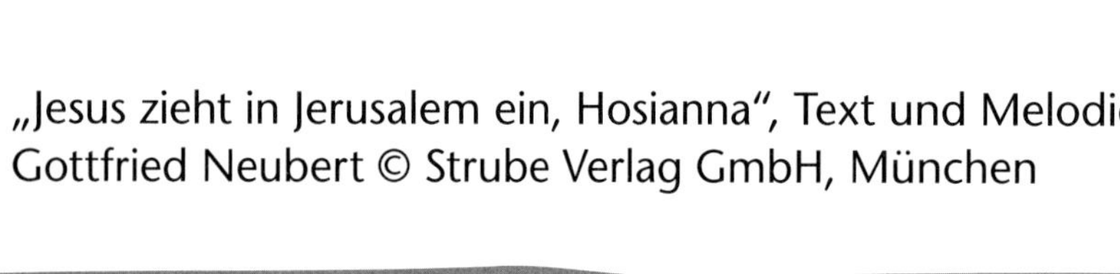

Geschichte „Auf dem Esel nach Jerusalem"

Jesus war mit seinen Freunden unterwegs in die Stadt Jerusalem. Bevor sie in die Stadt kamen, blieb Jesus stehen. Er sagte zu seinen Freunden: „Geht voraus in das nächste Dorf. Dort werdet ihr einen Esel finden, der an einem kleinen Baum festgebunden ist. Noch nie ist jemand auf dem Esel geritten. Bringt ihn zu mir. Auf ihm will ich in die Stadt Jerusalem reiten. Wenn euch der Besitzer des Esels fragt, warum ihr das Tier losbindet und einfach so mitnehmt, dann sagt ihm: Gott, der Herr braucht ihn."

Zwei Freunde von Jesus gingen in das Dorf und fanden alles so, wie Jesus es gesagt hat. Als sie den Esel sahen, wollten sie ihn losbinden. Aber da tauchte der Besitzer auf und fragte: „Warum bindet ihr einfach meinen Esel los?" Die Freunde von Jesus sagten: „Gott, der Herr braucht ihn." Da gab der Mann ihnen den Esel.

Als sie den Esel zu Jesus gebracht hatten, setzte er sich darauf und ritt in die Stadt hinein. Auf der Straße war sehr viel los: Viele Menschen kamen ihm entgegen. Sie freuten sich so, dass Jesus in die Stadt ritt, dass sie von den Bäumen Zweige abbrachen. Sie nahmen die Zweige in die Hände und winkten ihm damit zu. Sie feierten Jesus wie einen König! Aber sie wussten genau: Jesus ist kein normaler König. Er war nicht auf einem großen Pferd unterwegs, sondern auf einem Esel, einem Tier der armen Leute. Jesus trug auch keine Krone. Er hatte kein Schwert in der Hand. Er hatte kein Schloss, keine Diener und keine Waffen. Er war arm, sein Herz aber war sehr reich. Die Leute wussten: Jesus ist ein König des Friedens – er will den Menschen Frieden bringen. Er liebt die Menschen über alles. Wer in der Nähe von Jesus war, spürte sofort Kraft und Mut.

Spiel „Eselsuche"

Jesus schickte seine Freunde los, um den Esel zu suchen.
In diesem Spiel werden zwei Kinder nach draußen geschickt. Von den verbliebenen Kindern wird eines zum Esel auserkoren. Die beiden Kinder dürfen wieder hereinkommen. Jetzt müssen sie herausfinden, wer der Esel ist. Wer schneller ist, hat gewonnen. Der Esel versucht unbemerkt möglichst vielen anderen Kindern zuzuzwinkern. Wer angezwinkert wurde, geht zwei Schritte zurück. Die beiden „Detektive" müssen erraten, wer der Esel ist. Das muss geschehen, bevor alle Kinder den Kreis verlassen haben.

Spiel „Tiergeräusche"

Welche Geräusche machen die verschiedenen Tiere?
Flüstern Sie den Kindern je ein Tier (Esel, Katze, Kuh ...) ins Ohr. Dieses dürfen sie den anderen nicht verraten. Jedes Tier kommt zwei Mal vor. Nach dem Startzeichen (Läuten Sie z.B. mit einer Glocke!) müssen die Kinder, durch das Tönen des entsprechenden Tierlautes, das zu ihnen passende Tier finden. Jene Paare, die sich gefunden haben, nehmen auf den Stühlen Platz.

Rezept „Palmbrezeln"

Zutaten:

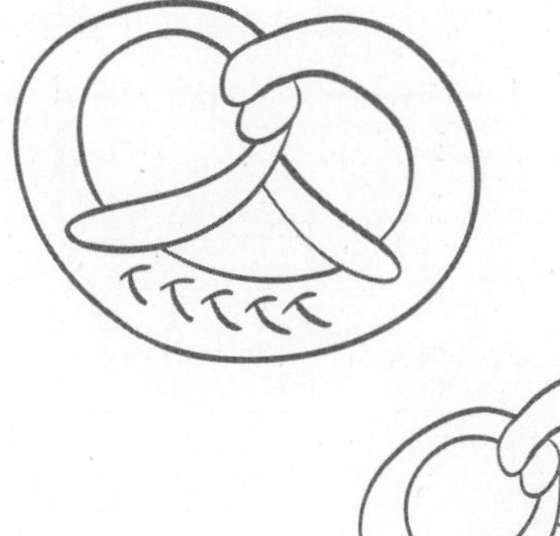

500 g Mehl
1 Würfel Hefe
200 ml lauwarme Milch
100 g Butter
2 EL Öl
50-80 g Zucker
1 Prise Salz
abgeriebene Schale einer Zitrone

Zum Bestreichen:
1 Ei
Etwas Sahne

Zubereitung:

Geben Sie das Mehl in eine Rührschüssel und drücken Sie eine Mulde in die Mitte. Zerbröseln Sie die Hefe und geben Sie sie in die Mulde. Erwärmen Sie die Milch bis sie lauwarm ist und gießen Sie sie auf die Hefe. Geben Sie nun noch etwas Zucker auf die Hefe-Milch-Mischung und rühren Sie die Mischung vorsichtig um.
Decken Sie den Vorteig ab und lassen Sie ihn an einer warmen Stelle ca. 30 Minuten gehen. Die Teigmenge nimmt stark zu. Das ist auch für Kinder sehr spannend.
Geben Sie nun die weiteren Zutaten hinzu und verarbeiten Sie alles mit dem Knethaken des Handrührgerätes zu einem glatten Teig.
Lassen Sie den Teig noch einmal an einer warmen Stelle gehen.
Die Teigmenge nimmt noch einmal zu.
Formen Sie aus dem Teig nun Brezeln. Die Größe der Brezeln bestimmen Sie. Vermischen Sie Ei und Sahne und bestreichen Sie die Brezeln damit.
Heizen Sie den Backofen inzwischen vor:

Ober-/Unterhitze: etwa 200°C
Heißluft: etwa 180°C

Legen Sie die Brezeln auf ein mit Backpapier ausgelegtes Backpapier und backen Sie die Brezeln bis sie goldbraun aussehen.

Ausmalbild „Palmsonntag“

Karfreitag/Karsamstag

An Karfreitag erinnern sich die Christen an die Kreuzigung von Jesus, sein Sterben und seinen Tod. Nachdem er am Kreuz gestorben war, wurde er in ein Grab gelegt. Seine Freunde und Angehörigen waren in tiefer Trauer. Die Behandlung dieses Themas im Kindergarten ist eine Gratwanderung: Es sollte weder verniedlicht werden noch sollten die Kinder zu sehr mit den brutalen Ereignissen erschreckt werden.

1. Einstieg:

In der Mitte des Stuhlkreises liegt ein Kreuz. Die Kinder dürfen erzählen, was ihnen dazu einfällt: Wo haben sie schon ein Kreuz gesehen? Warum hängt in der Kirche ein Kreuz? Welche Bedeutung hat das Kreuz? Gibt es Kinder, die einen Kreuz-Anhänger um den Hals tragen? Danach leiten Sie zur Geschichte über: Das Kreuz erinnert an den Tod Jesus – er wurde ans Kreuz gehängt. Denn seinen Gegnern hatte es nicht gepasst, dass sich Jesus für die Menschen, denen es nicht gut ging und die arm und krank waren, eingesetzt hat.

2. Gebet:

Mit dem Gebet verarbeiten Sie die traurigen Ereignisse vom Sterben und Tode Jesu.

3. Geschichte:

Die Erzählung der biblischen Passionsgeschichte dürfte für Kindergartenkinder zu brutal und kompliziert sein. Die Geschichte „Das Geheimnis des Kreuzes" vermittelt das Leiden Jesu auf kindgerechte Weise, ohne dass die Kernbotschaft verloren geht.

4. Aktionen zur Geschichte:

Besuchen Sie mit den Kindern die Kirche. So können sie mit eigenen Augen sehen, dass die Kirche viel karger ist als sonst.

Gebet „Karfreitag"

Lieber Gott,
wir sind traurig, weil Jesus sterben musste.
Er hat für alle Menschen nur Gutes getan.
Und wollte, dass es uns besser geht.
Das hat den Mächtigen und Reichen nicht gepasst.
Deshalb haben sie ihn getötet.
Doch du hast Jesus nicht allein gelassen.
Du hast ihm ein neues Leben geschenkt.
Dafür danken wir dir.
Amen.

Geschichte „Das Geheimnis des Kreuzes"

Pauls Mama sagte zu Paul: „Du wirst überrascht sein, wenn du heute die Kirche von Innen siehst. Sie sieht jetzt ganz anders aus!" Sie öffnete die große, schwere Tür. Paul war schon oft in dieser Kirche gewesen. Dieses Mal war es mucksmäuschenstill. Es war auch kein Gottesdienst. Das Becken, das sonst mit Wasser gefüllt war, war leer. War das Wasser ausgegangen?

„Es brennen ja gar keine Kerzen!", stellte Paul fest. Alle Bilder waren mit violetten Tüchern verhüllt. Paul rief: „Was ist denn hier passiert?" Seine Mama sagte: „In der Fastenzeit werden alle Bilder in der Kirche mit violetten Tüchern verhüllt. Dadurch wird man daran erinnert, dass die Fastenzeit keine Zeit wie jede andere ist." „Aber das könnte man genau so gut im Sommer machen", sagte Paul. Seine Mama lächelte. „Das stimmt. Aber die Fastenzeit ist immer vor Ostern und Ostern ist im Frühling. An Ostern ist Jesus gestorben. Er wurde zum Tod am Kreuz verurteilt." Paul riss die Augen auf. Das konnte er nicht verstehen. Er hatte bisher nur Geschichten von Jesus gehört, in denen er anderen Menschen geholfen hatte. Er hatte sich doch immer um Menschen gekümmert, denen es nicht so gut ging. Und die Kinder waren ihm auch sehr wichtig gewesen!

„Nicht alle Menschen hatten Jesus lieb", erklärte Pauls Mama, „die Reichen und Mächtigen hatten Angst, dass Jesus für die Menschen immer wichtiger werden würde, deshalb wollten sie Jesus zum Schweigen bringen. Sie haben ihn zum Tod verurteilt, weil sie Angst vor ihm hatten. So wurde er an das Kreuz geschlagen. An Karfreitag erinnern wir uns an dieses traurige Ereignis." Paul konnte nicht verstehen, dass die Menschen so brutal zu Jesus gewesen waren! Pauls Mama sagte: „Du musst nicht traurig sein! Wir wissen ja, was am Ostersonntag passiert ist: Da hat Gott Jesus vom Tod auferweckt und Jesus hat das Grab verlassen. Das Kreuz hat für alle Menschen, die an Jesus glauben, eine wichtige Bedeutung. Viele Menschen tragen einen Kreuzanhänger oder hängen in ihren Wohnungen ein Kreuz auf. Damit wollen sie zeigen, dass sie an Jesus glauben und dass sie nicht vergessen, was mit Jesus an Karfreitag und an Ostern passiert ist."

Osterhase

Ostern ohne Eier und Osterhase ist beinahe undenkbar: Auch wenn beide Symbole aus der heidnischen Kultur sind, lässt sich eine Verbindung zu Jesus' Auferstehung herstellen. Vermitteln Sie, dass Ostern nicht das „Hasen- bzw. Süßigkeiten-Fest" ist, sondern einen wichtigen christlichen Hintergrund hat.

1. Einstieg:

Verstecken Sie für jedes Kind ein Osterei. Die Kinder dürfen es suchen und danach erzählen, was sie über Ostern wissen. Besuchen Sie vor oder während der Ostertage mit den Kindern die Kirche. Zeigen Sie ihnen die Osterkerze: Jedes Jahr zu Ostern gibt es eine neue Kerze, die feierlich angezündet wird und die während des ganzen Jahres immer wieder bei verschiedenen Gottesdiensten angezündet wird.

2. Gebete:

Auch wenn die Tradition der Schokoosterhasen nicht zur christlichen Botschaft gehört, kann Gott für die vielen Süßigkeiten, die uns zur Verfügung stehen, gedankt werden. Auch soll der Gedanken des Teilens nicht vergessen gehen. Sie finden zwei Gebete auf Seite 36. Damit sie ihre volle Bedeutung entfalten können, bietet es sich an, jedem Kind eine Zeile des Gebetes zuzuteilen. Danach malt jedes Kind eine Zeichnung zum Gebet. Hängen Sie die Bilder nebeneinander auf, evtl. können Sie die jeweilige Textzeile darüber hängen. Laden Sie die Eltern ein, die Bilder anzusehen, wenn sie ihre Kinder in den Kindergarten bringen oder abholen.

3. Geschichte:

Die Geschichte beschäftigt sich mit der Frage, was Osterhase und -ei denn überhaupt mit Ostern zu tun haben.

4. Aktionen zur Geschichte:

Vor der Geschichte:
Fragen Sie die Kinder, wie bei ihnen zu Hause Ostern gefeiert wird.

Nach der Geschichte:
Bringen Sie für jedes Kind ein hartgekochtes Ei mit. Jedes Kind darf es in den Händen halten und ganz genau anschauen. Nach Möglichkeit, können ein paar Eier mit den Kindern direkt

beim Bauern abgeholt werden. Oder besuchen Sie jemanden, der Hasen hält. So können die Kinder die Bekanntschaft mit einem lebendigen Tier machen. Das ist gerade für Kinder aus der Stadt ein echtes Erlebnis.

5. Elterneinbindung:

Färben Sie mit den Kindern Ostereier. Die Kinder können die gefärbten Eier anschließend mit nach Hause nehmen. Rezeptideen für das ökologische Färben der Eier finden Sie auf unserem Rezeptblatt.
Was soll man Kindern zu Ostern schenken? Vielleicht sind einige Eltern interessiert, mit Ihnen einen Impuls-Abend vorzubereiten, auf dem Ideen ausgetauscht werden, welche Ostergeschenke „sinnvoll" sind und welche Alternativen es zu den „Schokoladen-Osterhasen" gibt. Es kann dazu ein Blatt mit „Österlichen Geschenk-Impulsen" erstellt und abgegeben werden (auch an jene, die nicht am Abend teilnehmen können oder wollen). Anregungen finden Sie auf S. 38.

Gebet „Wir denken an alle Kinder"

Lieber Gott,
an Ostern bekommen wir ganz viel Schokolade
und andere Süßigkeiten geschenkt.
Das ist lecker!
Leider gibt es auch Kinder auf dieser Welt,
die nicht so viel zum Essen bekommen.
Hilf, dass sie trotzdem ein schönes Osterfest feiern dürfen
und dass ihnen bald geholfen wird.
Amen.

Gebet „Miteinander teilen"

Lieber Gott,
am Ostersonntag herrscht große Aufregung:
Was uns der Osterhase wohl alles gebracht hat?
Manchmal ist es nicht so einfach alle Verstecke zu entdecken,
manchmal sind meine Brüder und meine Schwester schneller
und schnappen mir die leckeren Süßigkeiten weg.
Aber Jesus hat uns gezeigt, dass wir miteinander teilen sollen.
Hilf uns, dass wir dies auch an Ostern tun
und dass niemand traurig sein muss, weil die anderen die Schokohasen
schneller gefunden haben.
Amen.

Geschichte „Was hat der Osterhase mit Ostern zu tun?"

Tina und ihr kleiner Bruder Leo spielten miteinander in Tinas Zimmer. Tina erzählte aufgeregt, was sie in der Schule gelernt hatten: „Jesus ist gestorben, er wurde ins Grab gelegt, aber an Ostern ist er dann wieder aus dem Grab herausgekommen und hat gelebt! Deshalb feiern wir jedes Jahr Ostern. Damit wir diese Ereignis nie vergessen!" Leo ließ das blaue Spielzeugauto über den Teppich rollen. Was hatte seine Schwester eben gesagt? An Ostern wäre Jesus aus seinem Grab herausgekommen? Leo protestierte: „Aber an Ostern kommt doch der Osterhase!" Tina runzelte die Stirn. Das hatte sie sich gar nicht überlegt. Das war ja wirklich am gleichen Tag!

Tina stand auf und rannte in die Küche. Leo folgte ihr. Tina rief: „Mama! Warum kommt der Osterhase gerade an dem Tag, an dem Jesus auferstanden ist?" Tinas Mama schenkte sich gerade eine Tasse Tee ein. Sie lächelte. „Du hast das wichtigste vergessen: Das Osterei gibt es ja auch noch!" Jetzt verstanden Tina und Leo die Welt überhaupt nicht mehr. Aber ihre Mama wusste genau Bescheid: „Wenn man an Ostern ein Ei öffnet und isst, kann man sich daran erinnern, dass Jesus lebend aus dem Grab herausgekommen ist. „Für Tina war etwas aber immer noch unklar: „Wieso werden die Eier nicht von den Hühnern gebracht?" Leo lachte: „Dann würde man sie Osterhühner nennen!" Auch ihre Mama musste schmunzeln. „Es gibt wenige Hühner, die im Wald oder in der freien Natur leben. Die meisten wohnen auf einem Bauernhof und können die Ställe nicht einfach verlassen. Deshalb bringt der Osterhase die Eier! Im Gegensatz zu den Hühnern kann er sich frei bewegen. Und er kann auch mehr Eier und Schokohasen mitbringen, als ein Huhn das könnte. Ein Hase hat auch viel mehr Lust, über Wiesen und Felder zu hüpfen als ein Huhn. Hühner bewegen sich nicht so gerne."

Rezept „Ostereierfärben mit natürlichen Farben"

Zutaten:

Schalen von ca. 15 braunen Zwiebeln
ca. 3 l Wasser
Essig
Eierpiekser
1 großen Topf

Zubereitung:

Waschen Sie die Eier mit Essigwasser oder geben Sie später etwas Essig in die Zwiebel-Wasser-Masse.
Zerkleinern Sie die Pflanzenteile (z.B. Rote Bete, Spinat, Zwiebelschalen, Walnussschalen) und kochen Sie diese in Wasser auf.
Filtern Sie ggf. den Farbsud und bringen Sie das Wasser erneut zum Kochen.
Kochen Sie die Eier darin ca. 7–8 Minuten hart.
Schrecken Sie die Eier vorsichtig ab und reiben Sie sie mit einem in Speiseöl getränkten Tuch ein.

Folgende Farbvarianten sind möglich:

Rote Eier: Saft von Roter Bete (mit Essig mischen)
Goldbraune Eier: Zwiebelschalen
Braune Eier: Walnussschalen
Grüne Eier: Spinatsaft
Blaue Eier: Rotkohl

Österliche Geschenkideen für Kinder

- Bilderbuch mit der Auferstehungsgeschichte (siehe Literaturtipps im Anhang)
- Gutschein für einen Museumsbesuch oder Schwimmbadbesuch
- Schokoladenhasen aus dem Weltladen kaufen (Dort gibt es Produkte aus dem Fairem Handel und dazu meistens mit Bio-Label versehen)
- Gutschein für einen gemeinsamen Kinobesuch

Ostern

Ostern ist das wichtigste Fest im Kirchenjahr. Jesus ist von den Toten auferstanden. An Ostersonntag beginnt der Osterfestkreis, der die Zeit bis und mit Pfingsten umfasst.

1. Einstieg:

Legen Sie einen Schokoladenhasen, Ostereier, ein Jesus-Kreuz und evtl. eine Zeichnung von Jesus' geöffnetem Grab in die Mitte des Kreises.

2. Gebete/Lied:

Zwei Gebete helfen, die Ostereignisse in Worte zu fassen und zu reflektieren. Das zweite Gebet kann durch ein Klatschspiel ergänzt werden: Sie sprechen das Gebet vor, die Zeile „Jesus lebt! Jesus lebt!" sprechen alle miteinander. Dazu wird bei jeder Silbe einmal in die Hände geklatscht.
Mit dem österlichen Lied verarbeiten die Kinder das Thema musikalisch.

3. Geschichte:

Eine kindgerechte Version der Ostergeschichte vermittelt den Kindern die biblische Auferstehungserzählung. Alternativ können Sie auch den Text aus einer Kinderbibel vorlesen. Dadurch kommt zum Ausdruck: Hier handelt es sich nicht einfach um irgendeine Geschichte, sondern es ist eine wichtige Geschichte aus der Bibel.

4. Aktionen zur Geschichte:

a) Die Nachricht von Jesus' Auferstehung verbreitete sich sehr schnell. Spielen Sie mit den Kindern das „Telefonspiel": Alle sitzen im Kreis. Jetzt flüstern Sie dem ersten Kind den Satz „Jesus ist auferstanden!" ins Ohr. Das Kind flüstert es dem nächsten ins Ohr, dies wird bis zum letzten Kind wiederholt. Das letzte Kind darf laut sagen, welcher Satz ihm mitgeteilt wurde.
b) An Ostern wird in der Kirche die neue Osterkerze entzündet. Die Kerze ist schön verziert. Besuchen Sie mit den Kindern die Kirche und machen Sie gemeinsam eine Zeichnung der Osterkerze. Wieder im Kindergarten lassen Sie die Osterkerze von dieser Skizze abzeichnen. Alternativ lassen Sie die Vorlage von S. 44 von den Kindern gestalten.

5. Elterneinbindung:

Basteln Sie mit den Kindern Osterkarten: Die Karten können ausgemalt und/oder mit den verschiedensten Materialien beklebt werden (Glitter, Stoff…). Erklären Sie den Kindern, dass der Ruf „Halleluja" ein Jubelruf aus der Bibel ist.

6. Ausmalbild/Karte:

Die Kinder gestalten die Osterkerze, siehe auch 4b. Darüber hinaus gestalten sie Osterkarten für die Eltern.

Gebet „An Ostern“

Lieber Gott,
böse Menschen haben Jesus umgebracht,
seine Freunde waren sehr traurig.
Aber dann geschah das große Wunder:
Du hast ihm ein neues Leben geschenkt.
Und er hat wieder gelebt.
Wir danken dir, dass du Jesus von den Toten auferweckt hast.
Und auch dafür, dass wir Menschen darauf hoffen dürfen,
dass wir auch nach unserem Tod ein neues Leben bekommen.
Amen.

Gebet/Klatschspiel „Jesus lebt!“

Lieber Gott,
Ostern ist ein frohes Fest:
Jesus lebt! Jesus lebt!
Wir klatschen laut in die Hände.
Jesus lebt! Jesus lebt!
Er ist an Ostern aus seinem Grab gekommen.
Und hat wieder gelebt.
Jesus lebt! Jesus lebt!
Deshalb wollen wir jetzt an Ostern
glücklich sein und uns ganz fest freuen!
Jesus lebt! Jesus lebt!
Amen.

Lied „Große Leute, kleine Leute“

Text: Rolf Krenzer
Musik: Ludger Edelkötter

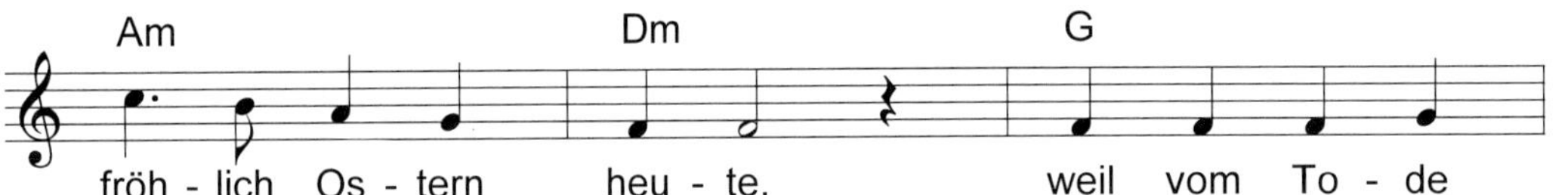

2. An das Kreuz ward er geschlagen,
er war tot, doch nach drei Tagen
wissen wir, dass Jesus Christ
auferstanden, auferstanden,
wirklich auferstanden ist.

3. Das konnt' einem nur gelingen,
einer konnt' den Tod bezwingen.
Singt mit uns, dass Jesus Christ
auferstanden, auferstanden,
wirklich auferstanden ist.

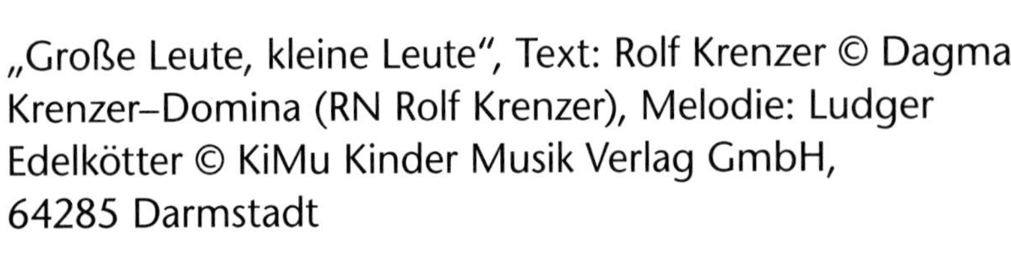

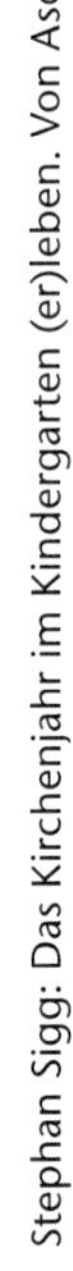

Geschichte „Das Grab ist leer"

Die Freunde von Jesus waren sehr traurig, dass Jesus gestorben war. Sie hatten ihn so gerne gehabt! Sie konnten noch immer nicht verstehen, was in den letzten Tagen geschehen war.

Am Tag nach Jesus' Tod machten sich ein paar Frauen auf den Weg zu seinem Grab. Die Gräber damals sahen anders aus als heute: Jesus war in einer kleinen Höhle begraben worden, man hatte einen riesigen Stein vor das Grab gerollt. Als die Frauen beim Grab ankamen, erschraken sie: Das Grab war offen. Jemand hatte den Stein weggerollt! Sie sahen sich an und dann schauten sie in die Höhle. Jesus war nicht mehr da! Das Grab war leer. Sie verstanden die Welt nicht mehr. Sie waren verwirrt. Was war passiert? Wer hatte den Stein vom Grab weggerollt und wo war der Körper von Jesus?

Neben dem Grab saß ein Engel. Die Frauen hatten ihn bisher gar nicht gesehen. Er sah, wie nervös und ratlos die Frauen waren. Er sagte zu ihnen: „Jesus ist nicht mehr hier! Er ist auferstanden. Er lebt! Gott hat ihn lieb. Er hat ihm ein neues Leben geschenkt."

Die Frauen waren überglücklich, als sie das hörten. Jesus lebte! Er war nicht mehr tot! Sofort rannten sie zu ihren Freunden in die Stadt zurück, um ihnen die glückliche Nachricht zu erzählen.

(frei erzählt nach Markus 15, 42–47; Markus 16, 1–8)

Ausmalbild „Osterkerze“

Karten-Vorlage „Ostern“

Halleluja … Jesus lebt!
Ein frohes Osterfest!

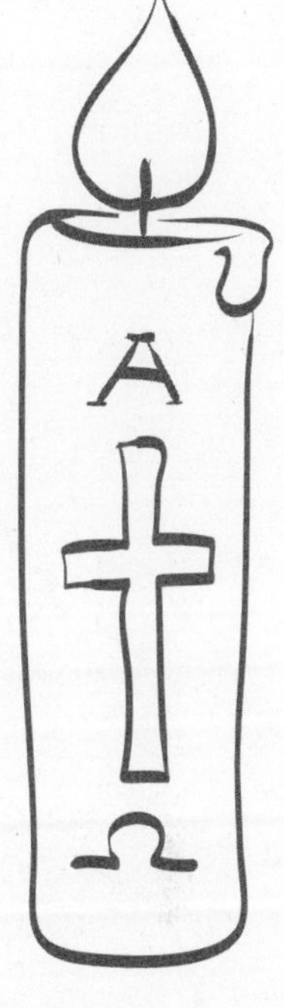

Ausmalbild „Ostern“

Christi Himmelfahrt

Am Fest Christi Himmelfahrt erinnern sich die Christen an Jesus Aufnahme in den Himmel. Während sich die Menschen im Mittelalter dies sehr plastisch vorstellten und viele Gemälde dazu anfertigten, ist das heutige Verständnis eher davon abgerückt – vor allem auch deshalb, weil man mittlerweile weiß, dass der sichtbare Himmel über der Erde nicht identisch ist mit dem „Himmel" des Jenseits bzw. der Ewigkeit.

1. Einstieg:

Fragen Sie die Kinder, wo sich Jesus jetzt befindet. Dadurch machen Sie sie darauf aufmerksam, dass die Person und das Wirken Jesu nicht einfach etwas aus der Vergangenheit bzw. schon lange, lange vorbei ist, sondern sehr wohl auch Bedeutung für uns hat.

2. Geschichte:

Die Geschichte „Und wo ist er jetzt?" thematisiert das Ereignis von Christi Himmelfahrt auf eine kindgerechte, zeitgemäße Weise.

3. Aktionen zur Geschichte:

Malen Sie gemeinsam in der Gruppe einen großen Himmel. Verwenden Sie dafür Fingerfarben (in verschiedenen Blau- und Grautönen). Die Kinder platzieren sich rund um das Plakat. Lassen Sie meditative Musik laufen. Hängen Sie den Himmel danach an der Decke auf.

4. Elterneinbindung:

Die Kinder überlegen sich gemeinsam mit ihren Eltern, wie sie sich den Himmel (wo Gott und die Verstorbenen sind) vorstellen. Am nächsten Tag dürfen sie drei Dinge nennen, die es nach ihrer Vorstellung im Himmel geben wird, z.B.:
Man darf alles essen, was man gerne hat.
Man kann auf den Wolken herumhüpfen.
Man darf den ganzen Tag Fußball spielen.
Man sieht die verstorbenen Verwandten wieder.
Alle sind fröhlich.
Jetzt stellen die Kinder dies auf je einem DIN A5-Blatt zeichnerisch dar. Hängen Sie alle Bilder mit einem Faden im gemalten Himmel (siehe 3.) auf.

Geschichte „Und wo ist er jetzt?“

Timo konnte nicht einschlafen. Er war hellwach. Mama hatte ihm eine Gutenachtgeschichte aus der Bibel vorgelesen. Sie hatte erzählt, wie Jesus vom Tod auferstanden war. Seine Freunde hatten ihn gesehen. Timos Mama hatte gesagt, dass seither viele, viele Jahre gegangen wären – eine so lange Zeit, die man sich fast nicht vorstellen konnte.
Erst als Mama weg war, war ihm plötzlich eine wichtige Frage eingefallen: Jesus hatte sich seinen Freunden gezeigt und ihnen gesagt, dass es ihm gut ging. Machte das Jesus auch heute noch? Timo dachte nach. Er hatte Jesus noch nie gesehen! Zeigte er sich nicht allen Menschen? Hatte seine Mama Jesus vielleicht schon einmal gesehen? Er sprang aus dem Bett und tappte in den Flur hinaus. Das musste er jetzt unbedingt wissen! Er klopfte an der Schlafzimmertür seiner Eltern. „Mama?“, rief er. „Timo?“, rief seine Mama. Sie klang sehr erschrocken. Sofort wurde die Tür aufgerissen. Papa lag im Bett und schien schon tief und fest zu schlafen. Timo wollte wissen: „Hast du Jesus schon einmal gesehen?“ Seine Mama runzelte die Stirn und fragte: „Wie meinst du das?“ Timo erklärte: „Du hast doch erzählt, dass Jesus sich seinen Freunden gezeigt hat. Macht er das heute nicht mehr?“ Seine Mama nahm ihn an der Hand und schloss hinter sich die Tür. „Papa schläft schon, wir wollen ihn nicht aufwecken.“ Sie brachte Timo in sein Zimmer und setzte sich aufs Bett.
„Nachdem Jesus vom Tod auferstanden war, hat er sich allen seinen Freunden gezeigt. So wussten sie, dass Gott Jesus vom Tod befreit hatte. Nachdem er alle Freunde besucht hatte, wollte er Gott nahe sein. So hat ihn Gott zu sich in den Himmel geholt.“ Timo staunte. Seine Mama fuhr fort: „Seither ist Jesus bei Gott. Und deshalb kann man ihn hier auf der Erde nicht mehr mit den Augen sehen.“ Timo protestierte: „Aber ich hätte ihn auch gerne gesehen!“ Seine Mama sagte: „Da bist du nicht der Einzige. Aber auch wenn wir Jesus nicht sehen können, so wie ihn damals seine Freunde sehen konnten, dürfen wir hoffen, dass Jesus trotzdem bei uns ist und sich um uns kümmert. Er tut dies einfach vom Himmel aus.“

Pfingsten

Mit Pfingsten endet die Osterzeit. An diesem Tag erinnern sich die Christen daran, dass ihnen der Heilige Geist gesandt wurde. Der Tag wird traditionellerweise als Geburtstagereignis der Kirche gesehen. Das Fest Pfingsten und den Hl. Geist im Kindergarten zu thematisieren, ist eine anspruchsvolle Sache: Das Wesen des Hl. Geistes ist für die Kinder sehr abstrakt – es sollte auf jeden Fall verhindert werden, dass sie den Hl. Geist mit anderen „Geistern" bzw. Gespenstern assoziieren.

1. Einstieg:

Nicht alle Dinge, die es gibt, können wir mit unseren Augen sehen. Es gibt auch viele unsichtbare Dinge. Nennen Sie als Beispiel die Träume: Fragen Sie die Kinder, was sie in der vergangenen Nacht geträumt haben. Sie wissen, dass sie diesen Traum erlebt haben – auch wenn sie ihn nicht sehen können. Genauso ist es mit dem Hl. Geist. In der Geschichte erfahren die Kinder nun, was es mit ihm auf sich hat.

2. Lied:

Singen Sie mit den Kindern das Lied. Dieses hilft, einen wichtigen Aspekt von Pfingsten (Der Hl. Geist schenkt Gemeinschaft.) zu verinnerlichen.

3. Geschichte:

Die Geschichte „Ein besonderes Geschenk" vermittelt auf kindgerechte Weise, weshalb den Menschen der Hl. Geist geschickt wurde: Jesus ist zu Gott in den Himmel zurückgekehrt, nun wirkt durch den Hl. Geist die göttliche Kraft auf der Erde.

4. Aktionen zur Geschichte:

a) Der Hl. Geist bewirkt Gutes. Jedes Kind darf etwas von diesen „guten Dingen" (dass wir uns verstehen, dass wir uns gern haben, dass wir nicht streiten) aufzählen.
b) Die Kinder dürfen das Ausmalbild ausmalen: Die Kinder auf dem Bild sind glücklich und haben Spaß miteinander – in solchen Situationen ist der Hl. Geist im Spiel.

Lied „Ich bin so gern bei dir“

Text: Rolf Krenzer
Musik: Ludger Edelkötter

2. Ich geb dir meine Hand.
Ich geb dir meine Hand.
Und wenn wir zwei zusammenstehn,
dann sind wir gleich bekannt,
dann sind wir gleich bekannt.

3. Ich geb dir meinen Arm.
Ich geb dir meinen Arm.
Und wenn wir zwei zusammen gehn,
dann wird es mir ganz warm,
dann wird es mir ganz warm.

4. Komm, leg den Arm um mich!
Komm, leg den Arm um mich!
Und wenn wir zwei zusammen gehn,
weißt du, dann freu ich mich,
weißt du, dann freu ich mich!

5. So tanze ich mit dir.
Und so tanzt du mit mir.
Und alle Leute, die das sehn,
die machens so wie wir,
die machens so wie wir!

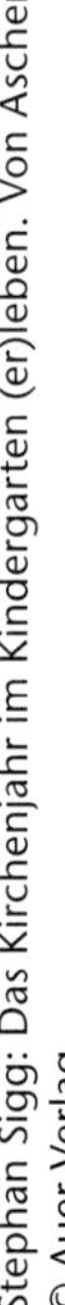

Geschichte „Ein besonderes Geschenk“

Die Kinder hatten es sich gemütlich gemacht und aßen gemeinsam ihr Frühstück, welches sie mitgebracht hatten. Mario biss in seinen roten Apfel. „Am Sonntag kommt der Geist!“, rief Meike. Die anderen Kinder sahen sie fragend an. „Ein Geist?“, fragte Mario. Meike nickte. Die Erzieherin musste lächeln. Sie erklärte, was Meike meinte: „Keine Angst, der heilige Geist ist kein Gespenst. Am Sonntag feiern wir Pfingsten. Das ist ein spezielles Fest. An diesem Tag erinnern wir uns daran, dass Gott den Menschen den Heiligen Geist geschickt hat.“ „Mama hat mir davon erzählt“, rief Meike dazwischen. Die Erzieherin fuhr fort: „Jesus ist an Christi Himmelfahrt zu Gott in den Himmel aufgenommen worden. Damit die Menschen nicht so allein sind, hat Gott ihnen den Heiligen Geist geschickt. Er soll ihnen helfen, dass sie gut miteinander auskommen und nicht streiten. Und sie sollen dadurch spüren, dass Gott bei ihnen ist und ihnen hilft. So steht es in der Bibel geschrieben.“

Mario dachte nach: „Dann ist er auch jetzt bei uns?“ Die Erzieherin nickte. „Und wo genau?“, rief ein Mädchen. „Überall, wo Menschen nett zueinander sind und sich gern haben. Also auch in unserer Gruppe!“

Ausmalbild „Pfingsten“

Literaturempfehlungen zum Thema:

Hopf, Bernhard/Raab, Susanne: Lieber Gott, du bist bei uns – Kindergottesdienste durch das Jahr, Matthias-Grünewald-Verlag, 2008, ISBN 978-3-7867-2722-4

Krenzer, Rolf: Wir feiern fröhlich Ostern, Butzon & Bercker, 2002, ISBN 9783784032092 (auch als Musikkassette erhältlich)

Mayer-Klaus, Ulrike: Jesus begegnen – Von Aschermittwoch bis Ostern (Werkstatt Kindergottesdienst), Schwabenverlag, 2002, ISBN 978-3-7966-1139-1

Miller, Gabriele/Rose, Heidi: Mein Buch zu Ostern, Butzon & Bercker, 2007, ISBN 9783766608277

Sokolowski, Ilka: Wir feiern Ostern! (Bräuche, Geschichten und Ideen zum Frühling und zur Osterzeit), Sauerländer, 2008, ISBN 9783794176250

Bilderbücher zum Thema Ostern:

Gunkel, Monika: Mit Ben Ostern entdecken, Verlag Kath. Bibelwerk, 2006, ISBN 9783460280526

Moos, Beatrix/Köder, Sieger: Das Ostergeheimnis Kindern erklärt, Verlag Kath. Bibelwerk, 2008, ISBN 978-3-460-28076-2

Natus,Uwe/Geisler, Dagmar/ Montanari, Eva u. a.: Das große Bilderbuch der Bibelgeschichten, Gabriel Verlag, 2006, ISBN 3522300963

Oberthür, Rainer/Seelig, Renate: Die Ostererzählung, Gabriel Verlag, 2007, ISBN 9783522300971

Schupp, Renate/Ignjatovic, Johanna: Rica erlebt Ostern, Kaufmann-Verlag, 2008, ISBN 9783780605924

Ideen, Anregungen, Tipps, Erfahrungen zur Arbeit mit „Christlichen Festen" im Kindergarten? Ich freue mich auf Ihre Rückmeldungen. stephan.sigg@stephansigg.com